我的第一本生存漫画书

野外生存

小达人 1

京鼎动漫作品
孙家裕◎绘者
邓　艳◎编者

吉林出版集团股份有限公司
全国百佳图书出版单位

编者的话

　　如今，背上旅行包，和朋友结队去野外游玩，已然成了一项时兴的娱乐活动。野外游玩虽然有趣，却可能面临许多无法预料的困难与危险，比如迷路时怎么辨别方向，如何处理脚上的水疱。怎样才能让野外游玩不受到这些问题的困扰呢？这就需要多了解一些野外求生的常识，有备无患地踏上旅途。

　　或许有人会说："我非常熟悉野外的环境，也知道如何获取水和食物！再说了，'三个臭皮匠，赛过诸葛亮'，大家在一块儿还怕想不出好办法解决问题吗？"实际上，野外探险的危险，远远超过个人的预期。你可能会突然掉入水中，也可能

会遇上非常凶猛的野兽。这些突发情况很容易让人失去理智，一时不知如何应对，这时候如果你掌握一些野外求生的常识，就能够掌握自己的命运。

　　本书以漫画的形式表现了野外求生技巧，分门别类，使复杂、枯燥的野外求生技巧变得简单、生动、幽默。读者阅读后就能掌握基本的野外求生知识，或许还能举一反三，随机应变，因地制宜想出更多、更好的求生技巧。掌握了求生技巧后，还应当遵循保护环境的原则，尽可能少做伤害动植物的事情。希望这本书能为每一位热爱野外活动的朋友带来帮助。

人物介绍

性格：聪明灵巧，有丰富的户外求生知识，颇有领队架势，就是有些唠叨。

雪妮

性格：温柔，没有主见，思想单纯，人很善良，做事细心。

依凡

性格：家境富裕，性格低调，沉稳，思维成熟。

馨怡

性格：如果"吃"算特长的话，那就是"吃"了！有活力，很小孩子气，占有欲强，凡事喜欢和别人比较，是这次野外冒险之旅的开心果。

露娜

性格：喜欢电玩，缺乏运动，是这次野外冒险之旅唯一的男生。

东辰

目录

和大自然一起
生活——露营

哇哦——

哇啊——这山里的景色真好!

嗯!

终于离开了繁杂的都市,可以投入大自然的怀抱了!

对啊,山里的空气好新鲜哦!

先别兴奋，你们知道该怎么露营吗？

当然知道啊！这么简单的问题还用问吗？

不就是跟玩家家酒一样嘛，

以前是在院子里玩，现在在山里玩，不就是地方大了些嘛？

笨蛋！不知道就不要乱讲啊！

咦？！难道不是吗？

露营就露营，还要什么知识嘛。

露营是最接近大自然的生活方式，要注意的事可多着呢！

像你这样对露营的知识一点都不了解的人，出来露营可是很危险的。

要是遇到敌人的话，这样就可以躲在草丛中隐形啊。

你才笨呢！我们又不是来打仗的！！

呃！那么凶干什么？

馨怡，别跟她斗嘴，我们赶紧去找露营地吧。

喂！等等我啊！！

哼，我拿来挡太阳不行吗？

白痴！

汪——

汪汪——

啊？！野……野狗！！

哇啊——

怎……怎么办?!它会咬我们吗?

大家先不要慌,它可能是饿了,在找食物吃,我们分些食物给它就好了。

真倒霉!我们才走几步,居然就碰到野狗了。

我可不想当野狗的食物!

捡起

让我来对付它!

咦?!

露……露娜!你要干什么啊?!别乱来啊!!

臭狗!走开!!

哇啊——

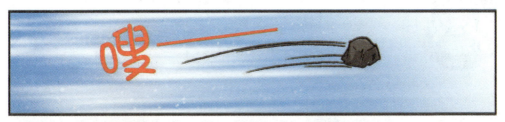

走……
走了？！

原来你除了吃，还是有点本事嘛！

露娜好厉害哦！居然把野狗打跑了。

呵呵，还好啦！

哼！居然敢来跟我抢吃的！

露娜那家伙，原来是怕野狗抢她东西吃。

真是受不了露娜！

13

和大自然一起生活——露营

　　露营是一种休闲活动。通常露营者会携带帐篷等装备，离开热闹的城市到野外扎营，度过一个或者多个夜晚。露营并不只是简单地在野外露宿，通常会同时开展其他的活动，比如徒步、钓鱼、捕猎、游泳或者登山等，既能让露营者呼吸大自然的清新空气，欣赏美丽的风景，又可以增强野外生存能力，锻炼身体，还可以增长许多知识，可谓一举多得，是假日里一项不错的活动！

多种多样的露营方式

　　露营基本可以分为三种形式：第一种是常规露营，第二种是汽车露营，第三种是特殊形式露营。

常规露营

　　这是最常见的露营方式，是指露营者徒步或者驾驶车辆到达露营地点，通常在山谷、湖畔、海边等远离城市的地方，欣赏美丽的湖光山色，亲近久违的大自然，和大自然一起呼吸。到了晚上露营者还可以点起篝火，进行烧烤、野炊等活动。大家一起围坐着唱歌、跳舞，仰望星空，度过美妙的露营之夜，这也是最平常的露营活动。经常进行这样活动的旅行者，又被称为"背包客"或者"驴友"。

舒适安全的汽车露营

汽车露营是指以汽车为交通工具、放弃背包等方式而进行的露营活动，这种露营也可分为常规汽车露营与房车露营。

常规汽车露营指驾驶小轿车、卡车等车辆，携带多种露营装备，如帐篷、睡袋、防潮垫、户外炊具等，前往露营地点进行的露营体验。

房车露营指驾驶房车进行的露营活动。房车本身就具备床铺、厨房、卫生间等生活必备空间，也具备供暖、冷气设备，也有电力供应。这样的露营方式更为舒适，在欧美国家已经有上百年历史，在中国还较少见。

惊险刺激的特殊形式露营

特殊形式露营指的是和特殊活动相关的露营，比如长距离攀岩。长距离攀岩可能需要几天的时间，为了休息，露营者只能将帐篷挂在悬崖边露营。这样的露营虽然刺激，但非常危险，一般露营者最好不要模仿，这需要具备非常专业的知识才能进行。

露营必备的用品

露营的用品你们都带齐了吧?

放心吧! 我把一个礼拜的零食都带来了。

不够吗?

你居然只带了吃的, 我们是去露营啊……

那你说要带什么东西吗?

要带帐篷，还有睡袋和防水、防风的衣服。

为了预防下雨，应该带雨衣和雨伞，

另外还有使用率比较高的用品。

第一件是绳子。

什么样的绳子，要多长？

尼龙绳可以当晒衣绳，也可以架设帐篷，用处很多呢！

第二件是打火机，在烧饭或生火时就能派上用场了。

第三件是手套。

手套？

夏天戴手套多热啊？

嗯！

在烧煮东西或到帐外工作时都可以用到。

第四件就是砂纸。

砂纸？
我没听错吧？

露营带砂纸做什么？

砂纸可以用来磨刀，因为刀的使用率很高，必须要保持刀的锋利。

她是小学生吗？

砂纸用完后要放入防水的盒子里保存。

雪妮好厉害，懂的可真多。

其他要准备的东西还有很多哦。

比如：镜子、手电筒、蜡烛、火柴……

预备电池、卫生纸、针线、地图……

还有筷子、碗、纸盘、汤匙、水桶、菜刀、锯子……

如果只是做个简单的露营就不必带这么多东西了。

你们可以依情况而定呀！

东西带得太多或太少都会对露营造成不便。

野外露营的时候要穿什么样的衣服

内衣

野外露营的时候，选择适当、舒适的衣服，是保护自己最基本的手段。内衣是最贴身，也是最基本的保暖层。内衣的保暖性首先取决于它的排汗性能，在阴凉、有风、高海拔等环境下，即使为炎热的夏季，潮湿的衣物也会让人感到寒冷难耐。

纯棉质的内衣吸水性很强，一旦吸汗变湿就不容易干燥，尤其是在高寒地区，吸满汗水而又长时间不能干的内衣会让身体十分难受，严重的话，还会导致生病。

化纤内衣虽然利于通风，容易晾干，但如果含有过多的化纤成分，行走时间长了，会使人产生燥热的感觉，还会引起皮肤强烈的灼热感，甚至刺痛感。因此前去野外露营的话，最好选择排汗内衣。

外衣

外衣应当宽松、耐磨，一般来说，帆布制成的牛仔服是很好的选择。选择外衣的颜色也很有讲究，很多人喜欢选用浅颜色或者与自然环境相近的颜色，可是一旦出现紧急情况，这样的颜色往往很难让营救人员发现，无疑增加了野外露营人员的危险系数。所以，外衣最好选用较为鲜艳的颜色。

需要特别注意的是，如果露营的地区是森林、草地，即便是炎热的夏天，也不能穿短袖，女性应避免穿裙子、男性应避免穿短裤，这是因为野外的虫子比较多，会叮咬人们裸露在外的皮肤。而且，草丛、森林里有不少带刺的植物，容易刺伤娇嫩的肌肤。

防水、透气、防风衣

在选择野外露营穿的衣服时，首先要重视的是衣服的防水性、防风性和透气性。

防水性是指露营者无论处于潮湿的地方，还是行走在风雨交加的环境中，衣服都能够有效地阻挡雨水和霜雪的入侵，水不能渗透到衣服里面，这样人就不会感到潮湿和寒冷。

当人进行大量的户外运动时，身体会自然流汗，皮肤呼出大量湿气，如果水分不能迅速排出，就会导致汗气困在身体和衣服之间，使人浑身湿透，在阴雨天气下，就会令人感到更加潮湿、寒冷。特别是在高山、峡谷等比较寒冷的地区，寒冷和失温是非常危险的，所以服装有良好的透气性是非常重要的。

防风性，就是要求衣服能够防止风冷效应。在多变的自然环境下，当冷风穿透我们的衣服时，会带走皮肤附近的一层暖空气，这层暖空气大约一厘米厚，温度在34℃～35℃，湿度在40%～60%之间。即使这层暖空气发生微小的变化，也会使我们感到寒冷和不舒服。当冷风吹进衣服，破坏了这层暖空气，就导致人体热量迅速流失，体温下降，人就会立刻感到丝丝寒意，这就是所谓的风冷效应。而衣服的防风性，正是为了防止这种情况的发生。

由此可见，选择防水、透气、防风性好的衣服，是为了尽最大可能来保持我们身体的温度，让我们不受外部环境影响，能更加舒适、安全地行走在大自然之中。

迷路时的
应变方法

天快黑了，万一我们迷路了怎么办？

真受不了你们，只要不随便走不知道通向哪里的路，是不会迷路的。

不迷路不就好了吗？

谁愿意无缘无故地迷路啊！

不过，有时候即使有了详细的计划……

也会有迷路的时候。

况且，如果不去尝试新路线，便没法发现新事物。

因此，试着走新路也是很有趣的一件事。

东辰，快点！别跟丢了！

这几个家伙，我不是来当劳力的。

发生迷路的原因，往往是出现风雪或浓雾天气。

在这种看不清方向的情况下，迷路是难免的。

尤其在多岩石区，树林或茂盛的草丛里是最容易迷路的。

唉！累死了！

为了防止迷路时不知所措，应该养成随时观察四周地形和事物的习惯。

雪妮，快来看！这边好多果子……

只知道吃……

雪妮，别理她！

真是的！

发现自己迷路时，应该马上停止前进。

如果知道自己的方位，便可拿出地图和指北针朝目的地慢慢摸索前进。

要是没带这两样东西呢？

如果没带地图和指北针，千万不能盲目地乱闯乱撞。

应该沿路做上记号，以便能找回原地。

记号？该怎么做呢？

如果没有标志的话，就得自己动手做记号了。

一般野外都有别人留下的标志，以便后来者使用。

只要跟着标志走，就能到达安全的地方。

做记号最好能够就地取材。

把找到的材料做成路标，以便指示方向。

比较常见的就是用小石头和树枝做记号。

最好不要用刀子在树干上刻记号。

雪妮，教我们做做看吧。

像这样就表示别走这个方向。

这样的箭头就表示向这个方向前进。

这也表示向这个方向前进。

把布绑在树枝上也可以。

不管怎么做，一定要让别人知道那个记号是人为的。

如果到有积雪的地方冒险，想要找做记号的材料可就不太容易了。

把红布条绑在比较高的地方，这样才不会被雪盖住。

走了这么久，我们该吃晚饭了吧！

咦？

这里是哪里？唉……

哇！东辰不见了！怎么办？

我们先按原路返回。找找看！

我的晚饭……

野外遇险时的求救信号

在野外迷路或遇险时，如果没有通信工具，求救信号是唯一能与外界取得联系的方式。求救信号能使求援目标更为醒目，与周围的环境有明显不同，容易被救援人员发现。

烟火信号

在没有信号装备的情况下，烟火是最常用，也是最有效的求救信号之一。尤其是在夜晚，黑暗中的火光极易引起人们的注意，而在白天，滚滚浓烟也容易吸引人们的视线。为了使救援人员准确掌握求救者的位置，烟火信号要设置在营地附近的高地上。

火堆在草木和树木附近时，应该给火堆围上小墙，以防火势蔓延。在茂密的森林中使用烟火信号求救不容易起作用，因为浓密的树荫会使火光很难被发现，而且容易引发火灾。因此，使用烟火信号要尽量在开阔地带。

图案信号

地面痕迹标志是一种重要的信号，可以在比较开阔的地面，如草地、海滩、雪原上制作。无工具时用脚踩出或用手挖出图形信号、字母（如SOS）信号，并沿着图形、字母边缘用土、石头或树的枝叶围起来，以使字母、图形更加清晰。在制作图形时，一定要把图形或字

母做大一些，以便搜救人员从飞机上看到。

在平地上，还可以制作许多地面标志，比如把一片草地割成求救标志，用许多石头或者树叶在地面摆成一个求救单词，一片被踩平的草地或被烧焦的田野，也是很容易引起注意的。

指示信号

当我们在野外迷路或者离开营地的时候，应该沿路留下一些记号以便顺利返回，也能够让搜救人员知道我们的去向。例如，制作一些大型的箭头形信号，表明自己的前进方向，同时这些信号也能被空中搜救人员发现。制作其他的一些方向指示标，为地面搜寻人员指明去向。比如将岩石或者碎石片摆成箭形；将棍棒支撑在树杈间，顶部指着行动的方向；在地上放置一根带有树杈的树枝，用分叉点指向行动方向；用小石块垒成一个大石堆，在边上再放一个小石块指向行动方向；两根交叉的木棒或两块石头意味着此路不通。这些都是十分简单明了却又非常有用的指示信号。

野外通信是个大问题

依凡，手机借我一下，我的电池用完了。

我的手机忘记带了。

啊！我的手机居然没电了！

怎么办？没法联系了。

你们先别慌嘛，我们还可以用其他通信方法啊。

其他通信方法？

在野外比较常用的就是暗号通信。

暗号通信，好像很有意思哦。

如果怕别人知道你的通信内容，就把文字转化成自己人才明白的信号。

你的朋友接到信号后，再把它译回原来的文字，

就可以知道你要传达的内容了。

这就是暗号通信。

那朋友要怎样才能明白你写的暗号内容呢？

当然你们之间要先制定一套密码。

如果没有密码，谁也无法解开暗号内容。

31

那该怎样制定密码呢?

那就看你和朋友之间如何去做了。

制定密码没有一定的规则,只要你们之间明白就好。

能举个例子吗?

双方都有密码表,就能解读对方所写的密码了。

例如,把ABCD编成密码。A是1,B是2,依此类推。

编码的时候不一定要照顺序，但是要写成密码表。

我来试试看。

如果我设定p的密码是16，

i是9，n是14，g是7，

嘿……u是21，o是15。

[2]代表二声，[3]代表三声。

16、9、14、7[2]
7、21、15[3]

那么苹果的密码就是……

没错，就是这样写密码的。

反正，不管如何编写，只要双方事先沟通好，并写成密码表就可以了。

在野外如何使用通信设施

对于野外露营来说，通信是个让人头疼的难题。因为野外不像城市里随处都有电话、邮箱、网络来供我们相互联络。身处大自然之中，我们人类显得渺小而无助，在野外和队员走散是十分危险的，所以要尽量在出发前就将通信问题解决好，将可能发生灾难的概率降到最低。

小型无线电台

如果到偏远地区进行野外探险活动，无线电通信设备应该是必备的。选择频道较少的型号，使用比较方便。预先设置好探险队与营地之间早晚联系的信号和方式，尤其在较大的团队中更应如此，这样会使各团队和营地之间的联系更为便捷。一定要避免各团队之间不通过营地而私自联系，以免造成混乱。无线电设备最好由专人保管，而不是放在背包里。切记，在高地上，无线电的信号比较好。

移动电话

移动电话是现在最方便、快捷的通信方式之一。在紧急情况下，如果能打通电话，或许就可以挽救生命。在无线电无法工作的情况下，可以用移动电话来报警，但移动电话由于网络的覆盖面有一定的限制，在一些偏远地区往往没有信号。如果经费充足，可以购买卫星电话，因为卫星电话可以在地球上的绝大部分地区使用，基本不存在信号问题。

对讲机

对讲机对习惯使用移动电话的我们来说可能会觉得有点陌生，因为平时生活中，我们几乎用不到它。对讲机是一种双向移动通信工具，不需要任何网络支持，不需话费，适用于相对固定且频繁通话的场合。

对讲机的通话距离有多远?

无线电通信是没有"距离"概念的,因为超短波通信为视距传播,信号受建筑物、丘陵、树林、电磁场等阻挡和干扰,影响实际通话距离和质量。在理想状态下(无任何阻挡和干扰)专业对讲机的通话距离在10千米以上,甚至更远,而实际通话距离一般只有3~5千米,在有高大建筑物、高山阻挡或空间电磁场干扰严重的情况下,通话距离有时会很短,甚至无法通信。

普通民众能够买对讲机吗?

信息产业部国家无线电管理委员会已颁布了关于公众对讲机管理的通知,从2001年12月6日开始,设置和使用发射功率不大于0.5瓦,工作于指定频率的无线对讲机,不需领取执照,免收网络使用费,使用人或单位只需在购买时填写一份登记卡,即可马上使用。民用对讲机可一对多快速通话,在移动电话不能通达和通话费过高的地方,其优越性尤为突出。

使用对讲机为什么有频率限制?

为保证众多用户通话不受干扰以及合理地利用频率资源,国家对对讲机的使用频率进行了划分,规定每个行业使用其相应的频率。用户在购买对讲机时,要向当地无线电管理部门申请使用频率。

小贴士:无论是无线电台、移动电话,还是对讲机都需要用电池来供应能量,在使用的时候一定要注意节约电量,还要注意防水、防潮。

以风向辨识方向

怎么办？和雪妮她们走散了……

迷路时可以用风向辨识方向呢。

用风怎么辨识？

这么简单的事都想不明白。

那你说来听听。

例如，闻到烤肉香味，我们朝着风吹过来的方向走，就可以找到食物！

算了，还是听雪妮说吧。

天气好的时候，微风在早上和傍晚的方向刚好相反。

提到烤肉，肚子突然饿起来……

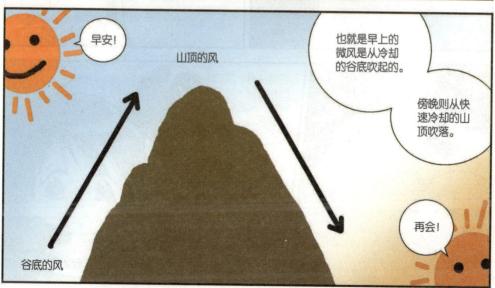

早安！

山顶的风

谷底的风

也就是早上的微风是从冷却的谷底吹起的。

傍晚则从快速冷却的山顶吹落。

再会！

37

当你找不到方向时，只要确定风向就可以了。

风向难道不会改变吗?

当低气压或台风来临前风向是会发生变化的。

一般，风向不会在短时间内任意改变。

万一地形有非常大的改变，风向会产生变化。遇到这种情形，一直向前走就对了。

怎么办，现在一点风也没有……

如果没有十足的信心到达目的地，就赶快退回原地。

赞成！退回原地吃饱了再出发！

我觉得退回原地比较容易吧。

退回原地也需要有坚强的毅力才办得到。

这时候最好能爬上山顶，仔细观察山下环境，再确定朝哪个方向前进。

回到原地的路万一不好走，也是很艰难的。

如果找不着原路，勉强走回去，非常危险。

爬上山顶太累，还是退回原处吧。

我看还是先到山顶好了……

辨识方向的方法

迷路之后

在野外发现自己迷失方向后，千万不要惊慌失措，应该立刻停止前进，冷静地回忆自己之前走过的道路，利用一切可以利用的标志来重新确认方向，尝试找回道路。最可靠的方法是沿着原路返回出发地点，千万不可以盲目地四处乱跑。

如果天色已晚，则应该尽快选择宿营地，不要等到天黑后才开始动手，漆黑的野外会让我们的行动受到很多限制。

如果感到非常疲乏，应该立刻停下来休息，不要走到筋疲力尽后再停下休息。特别是在冬季，更应该注意。过度的疲劳或者流汗过多，很容易被冻伤，严重时甚至会导致死亡。

山地迷向

首先要选择视野开阔的地方，比如山脊上，登高望远，判断应该往哪里走。在高处观察地形，有较清晰的导向作用，能够顺利到达可以看到的地方。

森林迷向

在森林迷失方向后，可以先估计从有确定方位的地方走了多远，然后沿路做好标记，再根据自己的回忆往回走。如果找不到原来的地方，就折回标记处，再换个方向重新尝试。

沙漠、戈壁、雪原迷向

人在沙漠、戈壁、雪原步行前进时常常会偏右，而不是直线前进。因此依照一个确定的方向直线前进非常重要。我们可以利用长时间吹向一个方向的风或迅速朝一个方向飘的云来确定方向。

利用风向判定方向

在自然界中，风也能帮助我们判知方向。如木制的柱架，其迎风面颜色深黑容易腐坏，而悬崖及石头迎风面较为光滑，植物和树木会沿着同一方向弯曲，鸟类和昆虫会把巢建在背风的隐蔽处。但想要通过风来判定方向，必须熟悉当地盛行的风向和季风变化的规律。这在沙漠地区尤为重要。

风是塑造沙漠地表形态的重要因素，在单风向地区一般以新月形沙丘及沙丘链为主。沙丘和沙垄的迎风面，坡度较缓；背风面，坡度较陡。

我国西北地区，由于盛行西北风，沙丘一般形成西北—东南走向。沙丘西北面坡度小，沙质较硬，东南面坡度大，沙质松软。在西北风的作用下，沙漠地区的植物，如酥油草、红柳、梭梭柴、骆驼刺等向东南方向倾斜。蒙古包的门通常也朝向背风的东南方向。冬季在枯草附近往往形成许多小雪垄、沙垄，其头部大、尾部小，头部所指的就是西北方向。

风向还因地区和季节的不同而产生差异。因此根据风向特征判定方向，要了解当地四季盛行风向，以便得出正确的判断。还须注意，在具有多种风向而风力又大致相似的地区，则会出现金字塔形沙丘，在此地区判定方向较为复杂，应参考日月和星辰综合判别。

野外遇熊逃生术

东辰，总算找到你了，你跑到哪去了？

你怎么气喘吁吁的？

我看到好可怕的……

鬼吗？

不要乱说啦，森林里哪来的鬼！

东辰, 你到底看到了什么?

一只可怕的熊!

啊!

虽然可怕, 但是听说熊掌很补耶……

又来了, 任何时候都是想到吃……

熊是受保护动物, 不能伤害它们!

万一熊追来, 我们怎么办?

笨啊, 当然是拔腿就跑啊!

绝不可以!

遇到熊不能慌乱，其实它是怕人类的。

怎么可能?

它的块头那么大，又那么凶狠……

可能是怕你吃它的熊掌吧。

哈哈……

如果熊距离你十米左右，你只要瞪着它看就行了。

你一直用凶狠的眼光瞪着熊，它就会不知所措，落荒而逃。

哪里需要这么麻烦，直接用石头丢它不是更快。

绝对不可以!那样它会以为你在攻击它。它反而会攻击你的!

哎呀，说了那么多，我肚子又开始饿了……

你们干吗都用凶狠的眼神瞪我，我又不是熊……

是……你后面……

后面？

啊！

是……熊……救命啊！

熊的弱点

大家赶快爬到树上躲开，熊啊！

不行，这样很危险！

熊的动作比人还快，你爬上树，它会咬住你的屁股把你拖下来！

那该怎么办？

最好的办法就是装死！

啊，熊逼近了，怎么办？

大家快躺在地上，一分钟内不要呼吸！

熊发现你呼吸会把你的脸打扁。

如果呼吸会怎样？

我不要被打扁，那样会很难看的！

嘘！别说话，熊发现你没呼吸就会离开的。

被打到连命都没了，你还想好不好看！

真的走了耶!

我的心脏都快爆炸了!

依凡哭什么?

是啊,熊已经走远了,没有危险了。

我的初吻竟然给了一只臭熊!呜……

切!

雪妮,为什么装死熊就会离开呢?

因为熊视力不好,它对不动的东西不感兴趣。

万一来不及装死怎么办？

那只好和熊决斗！

开什么玩笑！怎么可能打得过它？

只要了解熊的弱点，就能打败它！

熊有什么弱点？

熊除了视力不好，还无法向上跳，而且不耐跑。

所以，遇到熊只能智取不可力敌，这样就可以保住性命。

呜……

依凡又怎么了？

我总是慢半拍，"IQ"又不高，下次遇到熊准死定了！

不用担心啦，我会陪在你身旁的。

遇到危险前记得把背包里好吃的都交给我就好了。

露娜！

知己知彼，认识熊！

　　熊是大型杂食性哺乳类动物，以肉食为主，分布范围非常广，从寒带到热带都能见到它。熊的躯体粗壮，四肢强健有力，头圆颈短，行动缓慢，善于爬树，也能游泳，嗅觉、听觉较为灵敏。

　　熊是由一种类似犬的动物进化而来的，是犬科动物进化过程中的一个分支。熊科动物基本上都已偏离了食肉的习性，而成为杂食性动物了。

　　熊的种类较少，全世界有8种：美洲黑熊、棕熊、懒熊、眼镜熊、北极熊、亚洲黑熊、马来熊和大熊猫，其中棕熊体形最大，北极熊次之，一般越靠近南方，熊的体形越小。我国有4种熊：马来熊、棕熊、亚洲黑熊、大熊猫。

　　熊躯体粗壮肥大，体毛又长又密，脸形像狗，头大嘴长，眼睛与耳朵都较小，臼齿大而发达，咀嚼力强。四肢粗壮有力，均长有锋利的五趾，用以撕开食物和爬树。熊的嗅觉十分灵敏，视力和听觉比较差。它们的牙齿还可以用来防御，爪子可以用来撕扯、挖掘和抓取猎物。熊的行动速度也非常快，并不像人们通常所认为的那么笨拙。速度最快的灰熊，时速可以达到每小时48千米；棕熊在崎岖的山路上速度可以达到每小时30千米，比人类快多了！

变身可怕的野兽

　　大多数熊食性很杂，既吃青草、嫩枝芽、苔藓、浆果和坚果，也到溪边捕捉蛙、蟹和鱼，掘食鼠类，掏取鸟卵，更喜欢舔食蚂蚁，盗取蜂蜜，甚至袭击小型鹿、羊或吞吃腐尸。北极熊比较特殊，主要吃鱼和海豹。熊一般温和、不主动攻击人和动物，也愿意避免冲突，但当它们认为必须保卫自己或幼崽、食物或地盘时，则会变得非常有攻击性。

熊为什么冬眠？

　　缺乏食物是动物冬眠的主因。如果食物充足，许多熊不会冬眠，反而整个冬天都会狩猎，但食物不多时，熊就会躲在洞中过冬。小型哺乳类动物在冬眠时体温会急速下降，但熊的体温只会下降约4℃，不过心跳速率会减缓75%。

　　一旦熊开始冬眠，它的能量来源就会从饮食转换为体内储存的脂肪。这种化学作用的变化十分剧烈，脂肪燃烧时，新陈代谢会产生毒素，但熊在冬眠时，细胞会将这些毒素分解为无害的物质，再重新循环利用。人体内没有这种机制，如果毒素累积，人类会在一星期内死亡。这种化学作用还让熊可以回收体内的水分，因此熊在冬眠时不会排尿。不冬眠时，北极熊也可以利用脂肪燃烧的机制。这种清醒式冬眠让北极熊可以不躲到洞里，整个冬天都保持活跃状态。

休息的方法

我累了，可不可以休息一下……

走累了是应该休息一下，可是……

我们才走了五分钟不到耶！

可是所有的东西都是我一个人背啊。

如果想休息就休息,反而会更累。

噢,我忘了,这样是有点累。

不是有点,是很累!

休息就休息,还需要什么方法?

休息也是有方法的。

馨怡真是温室里的小花,什么都不懂!

例如有趴着、躺着、坐着、卧着……

这算方法吗?

我说得对不对，雪妮？

呵呵……

不对！

休息要有恰当的间隔时间。

要怎么决定间隔时间？

要视个人的体力和地形而定。

体力　地形

休息

像我这样就需要间隔五分钟休息一次……

例如，走约一小时休息五分钟。

还有，休息也必须注意一些要领。

休息还这么麻烦?

如果怕麻烦就容易生病,生病反而更加麻烦了。

休息必须选择适当地点,以免受凉感冒。

最好是在大岩石或是大树下休息。

休息时,体温会下降,最好加一件衣服保暖。

还要趁休息的时候补充水分及养分,避免体力不足。

对,这个非常重要!

好,休息五分钟了,继续出发吧。

都在听你说话,连背包都没卸下过……

野外露营的休息和饮水

旅行、野营时一定要掌握正确的休息方法，遵照科学的休息原则，才能获得最好的休息。中途休息一般要长短结合，短多长少。长短结合，即短时间的休息同长时间的休息保持一个合理的度。

短休息，指行走途中的短暂休息，一般时间控制在10分钟之内，并且不卸掉背包等装备，以站着休息为主。这种休息可以次数多一些，但时间短。

长休息，在平路行走时，一般是2小时一次，一次在20分钟以内。休息时卸下所有负重，要先站一会儿才可以坐下休息，不能马上就坐在地上。休息期间，可以自己或是和同伴相互按摩腿部、肩部、颈部的肌肉，同时活动四肢。休息的时候要做些活动来减轻肢体的酸痛感，而不要懒散地躺在地上。

饮水原则

水是生命之源，人体的新陈代谢离不开水。在运动中由于出汗蒸发，人体的需水量比平常多很多，及时地补充水分是非常必要的，但是补水时应该控制喝水的水量。口渴时，应适当忍耐一下，不要一渴就喝，每次喝水最多一两口，因为过量的水会加重心脏的负担。必须科学饮水，只要补充的水量能满足人体的基本需求即可。

旅行操

平时我们课间要做课间操、眼保健操，去健身房时做健身操，在旅途中也有消除疲劳的旅途操呢！

现在为大家介绍一套可以消除旅途劳顿的旅途操。

颈部伸展坐姿：双手抱头，两肘夹住面颊，稍用力下压使颈部前屈。然后颈部用力尽量后仰，做8次，每次1～2秒。

肩部伸展坐姿：十指交叉上举，掌心朝上，然后由慢渐快，用力地振10次。

胸背伸展坐姿：两臂屈肘前平举，含胸低头，然后两臂向侧后平行伸展，抬头挺胸，做10次。

体侧伸展坐姿：一手叉腰，另一手臂伸直上举，上体稍侧屈，手臂用力向侧上方伸展5次，然后换另一侧做，每次静止1～2秒。

腰腹伸展坐姿：两手抱头，体前屈，然后上体后仰，肘关节外展，尽量把身体伸直，保持3～4秒，慢速度5次。

腿部伸展坐姿：双腿屈膝置于胸前，然后两腿同时伸直，脚尖前伸，做10次，每次静止1～2秒。

此外，快步走路也是消除疲劳的好方法。正确的方式是一定要快步走，而且要持续5～20分钟，这样才能平衡全身的肌肉，帮助大脑运动，进而达到消除疲劳的目的。

清洗餐具

我吃完了，有没有人需要我帮忙吃的?

......

既然不需要我帮忙，那我去洗餐具了。

等等！

你要我帮你吃吗？

你就只想到吃！

那你叫住我干吗？

你知道在野外如何清洗餐具吗？

这是脑筋急转弯吗？

当然找溪水洗啊！这么简单的问题还用问吗？

如果没有溪水呢？

这个问题就更白痴了。

没有溪水当然就不洗呀。

这又算什么答案……

餐具沾满油污，很难清洗干净。

可以用我们烧的热水清洗。

那不是我们煮来喝的水吗？

没错！先把开水倒入饭盒里，然后边洗边喝。

用手洗完再喝下肚子里，多不卫生啊？

当然不是用手洗！

要用筷子或汤匙清理吃剩的残渣，再慢慢喝掉开水。喝完再用卫生纸把餐具擦干净，就可以收起来了。

这样一来还很省水呢！

何必那么麻烦，我有带洗洁精来，任何油污都不怕。

不可以！洗洁精会污染自然环境。在野外不可以用这类化学用品！

馨怡你这罐饮料的味道怎么怪怪的？

啊？

饮料罐里装的是洗洁精啦！

呕～～～。

野营的餐具和炊具

炊具和餐具通常为金属制品或陶瓷制品，重量和体积都比较大，所以尽量不要携带普通炊具出门。如果需要携带炊具，最好选用一些轻便实用的简易炉具。

野外简易炉具有很多种，根据燃料不同分为汽油炉、煤油炉、固体酒精炉以及燃气炉等。在选择炉具时，我们要挑选品质上好的基本款炉子，随时保持干净，避免碰撞。

野外炉具有气体炉、液体炉、酒精炉和固体燃料炉四种。气体炉的燃料是丁烷气或丙烷气，优点是使用方便，缺点是燃料价格高；液体炉的燃料是工业油，优点是燃料价格便宜，缺点是使用起来非常复杂；酒精炉的燃料是酒精，优点是炉子不容易损坏，使用方便，缺点是火力不够大，一个酒精炉只够烧一个人的伙食；固体燃料炉的燃料是白蜡，它和酒精炉很像，优缺点也差不多，不过它的体积远远小于酒精炉，可以装进普通的塑料袋，被人称为"袋装炉"。在挑选炉具时，可以根据人数、经费等方面的实际状况，挑选最适合的炉具。

为了节省燃料，提高炉具燃烧效率，以下有几个简单易行的小办法。

盖锅盖：在煮饭的时候，将锅的盖子盖上，锅内的食物就能熟得快。

用挡风板：野外风大，很容易吹熄炉火，反复点燃炉子会消耗更多的燃料，如果用挡风板遮住炉子，可以防止风吹熄炉火。

做好清洁、保养工作：学习清洁和保养炉具的一些简单方法，每次使用完炉具后及时清理它，有助于提高燃烧效率和使用寿命。

燃料的选择：选择质量好、杂质少的燃料，能有效地提高燃烧效率。

注意事项

燃料：燃料要密闭存放，随时注意有没有泄漏。

小锡锅：小锡锅使用方便，但注意金属把手事先应缠上胶布，以免手被烫伤。

水壶和水杯：金属水壶内的水若结成冰，壶身可能会破裂，塑料水壶不可以接近热源。水杯宜选用塑料制品。

餐具：碗碟选用轻便且导热性差的塑料制品或木制品，刀叉和筷子要保持干净，谨防病从口入。

野炊的刀具

等等！我想便便……

快去，我们等你。

不用躲太远，我们不会偷看的！

他可能是帕露娜为了摘野果而冲过去吧！

我才不会呢！

你们看！有只鸟被网子缠住了！

你看到什么都只想到吃！

太好了！可以烤小鸟吃了！

这一定是不法之徒为了盗捕鸟类布下的陷阱。

真可恶，怎么可以做这种事呢？

我们快把网子拆掉吧。

大家一起动手拿出刀子把网割断。

好！看我的厉害！

你带这么大一把刀出来做什么？

野炊时切菜用啊。

野炊又不是在家里厨房切菜。带菜刀出来多不方便！

那要带什么刀？

只要带一把小刀就行了。

雪妮，你手上是什么刀？我怎么没见过？

这是多用途的万能刀，也称作瑞士刀。

刀柄中收纳许多不同功能的刀具，能够应付切、割、剪、锉等各种状况。

如果只为了切菜该带什么刀子呢？

料理用的刀子种类很多。

带切里脊肉的刀子、可折叠刀子和料理专用剪刀。这种剪刀一共有七种用法，甚至能剪断骨头。

无论带什么刀子都要注意安全，不能拿来玩耍。好了，大家快动手割网子吧。

小鬼！你们不想活了吗?竟敢破坏我的猎网！！

啊！坏人出现了！

吼——

草丛里有老虎！

啊！！

老大，都绑好了！

给我搜！看她们有什么值钱的东西！

吼！

快逃啊！

吼！

怎……怎么办?

不要怕，是我啦！

哈哈……多亏便便超人解围！

野炊刀具的选择

刀具是野外生存必不可少的工具，许多工作都需要用到刀具。在紧急求生的时候，一把刀就是无价之宝。但刀子也是危险物品，常常是伤人的武器，要谨慎保管和使用。一般情况下，野外使用的刀具主要有两种，大刀和小刀。小刀指可折叠的刀，这种刀通常具有多种功能。大刀应该选择匕首或是大而重的弯月形砍刀，以刀锋全长30厘米，重量不超过1千克，末端深入手柄中为宜。

关于刀身，平刃适用于大多数生存环境。这样的刀刃对于切、砍、割都是很有用的，而且易于打磨。锯齿刀刃虽擅长割人造材料、衣物、肉，但在野外很难打磨。刀刃材料最好选用不锈钢，耐腐蚀，易打磨，缺点就是使用的持久性不如碳钢，但碳钢在没有涂层的情况下易生锈腐蚀。

折叠刀

折叠刀最好选用瑞士军刀，一般含有主刀、小刀、剪刀、开瓶器、锯子、小起子、拔木塞钻、小镊子等工具，非常实用。

大弯刀和帕兰砍刀

在砍伐树木、搭建木棚时，都需要用到较大的刀具，帕兰砍刀和大弯刀是比较常用的大型刀具。

大弯刀是尼泊尔的传统刀具，也叫库尔嘎弯刀。这种刀头重尾轻，前宽后窄，背厚刃薄，抢砍时力量集中在刀的前部，具有很大的杀伤力，非常适合在丛林中行进时开路使用。

帕兰砍刀（见图一）是马来人使用的弯月形的大而重的短刀，适于砍柴，甚至可以砍断较粗的树木。

图一 帕兰砍刀

神奇的瑞士军刀

瑞士军刀（见图二）又常被称为瑞士刀或万用刀，是集许多工具于一身的折叠小刀。在瑞士军刀中的基本工具通常具备：圆珠笔、牙签、剪刀、平口刀、开罐器、螺丝起子、镊子等。使用这些工具时，只要将它从刀身的折叠处拉出来即可。

图二　瑞士军刀

最初的瑞士军刀是木制的手柄（现多为塑胶和金属制），并仅有两种工具，分别是螺丝起子和开罐器。在1897年，埃森纳发明了新的弹簧，瑞士军刀才能够装进比较多的工具。19世纪90年代是瑞士军方开始使用瑞士自制刀的年代，过去他们都采用德国制的刀子。

国际上只有两种品牌为正宗瑞士军刀，一种是盾形标的维氏军刀，一种是圆形标的威戈军刀。维氏军刀世界驰名，被人们广泛应用于旅游、登山、潜水、航模运动，也可用于修理自行车、汽车及日常生活，是一种多功能工具。

选择营地的要点

大家听我说，一会儿我们要选择露营的地点了。

树林里到处都是空地呀。还用选吗？

终于可以坐下来吃东西了。

营地可不是随便选选就行的，这有很多讲究的！

现在有很多地方都有设备完善的露营地，

非常适合不常露营或没经验的人。

但是，如果到人烟稀少的山区，就要小心选择露营地了。

搭帐篷的地点最好选择干净、平坦，而且风比较弱的地方。

那怎么知道风的强弱呢？

可以从四周植物生长的情况或地形来判断风的大小。

如果树枝的尾端都偏向同一方向……

或是地面像屋顶状的地方，那都是强风地段。

……

又说个没完，人家肚子好饿哦……

那在树林里露营不就没有风了吗？

没错！但是必须找湿气少的地方。

而且，最好不要让树枝和树叶掩盖住帐篷，

以免下雨时，大量的雨水落在帐篷上。

还有，帐篷四周如果有杂草也要割除干净哦。

干吗对我说?

真是受不了你!要知道在河边露营可是会有危险的。

那我们可以在河边露营吧。还可以捉鱼!

在河边扎营能有什么危险?根本就是雪妮胆小嘛!

笨蛋露娜!!要知道河岸边的沙土是很容易流失的!

有那么夸张吗?

73

雪妮别生气啦。我还想知道在河边扎营该注意些什么呢?

呃!那就是要注意上游河坝放水或河水高涨的安全高度。

也就是说别把帐篷搭得太靠近河就好了。

这也是为了防止河水高涨!

啊!肚子一饿都不想走路了!

还有,搭帐篷的地方也要考虑排水的问题哦!

排水?

没错！排水可是很重要的因素之一哦。

搭帐篷时，选择排水良好的地点可是很重要的。

可是要怎么才能知道排水良好呢？

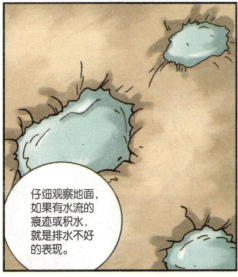

仔细观察地面，如果有水流的痕迹或积水，就是排水不好的表现。

另外，一定要选择平坦的地面哦！

地面平坦很重要，哪怕是只有一点倾斜度，都会使人难以入眠。

那在搭帐篷前是不是应该把地面清理干净呢？

对！一定要清理干净！

不然睡觉的时候背部或臀部碰到石头就会睡不好了。

有树根蔓延的地方也是不行的！

在能照到太阳，又靠近河川的地方，都会发现平坦的地形。

最理想的地点就是，有阳光照射，又靠近河流，附近还有大树可以乘凉。

那我们就找一棵大果树，这样就有水果吃了，还有鱼吃，不怕饿着肚子了。

……

排水、地形、风的强弱，是选择露营地点的三大要素。一定要记牢了！

那我们就开始准备吧！

好！！

如何选择营地

营地的选择参考因素有很多，远离危险，保证安全是第一位。

不适宜扎营的地点

1. 崖壁和陡坡下，落石、塌方、滑坡都会给我们带来致命的伤害。

2. 河滩、河流中央、河道转弯内侧、小河汇流处不适合扎营，以防突发洪水。

3. 枯木、蜂巢及动物觅水点，野外有水的地方也可能是各种生物集聚的地方，如果有大量的动物脚印，应该避免在此露营。

4. 谷底洼地。

5. 孤立的高大乔木下不可以扎营，因为容易被雷袭击。

6. 沙地也不适合扎营，沙漠中移动的沙丘是非常危险的。

适宜扎营的地点

1. 平缓的草地。

2. 日照良好、向阳的平地上。

3. 湖泊、小溪附近比河岸稍高的地方，也是适宜扎营的地点。

4. 菜田旁、经常有人出入的地方是十分安全的，不会有野兽袭击。

背风临水好扎营

选择营地除了地形方面要谨慎考虑之外，还要考虑水源补给和风向。

选择营地要保证水源补给

1. 尽量选择离水源近的地方。
2. 水源干净、无污染。
3. 补水线路要踩好。
4. 如果预定在山顶露营，一定要在水壶里补足水再登顶。

营地应该背风背阴

1. 选择避风处。
2. 帐篷口不要迎风。
3. 尽量背阴，方便在帐内休息，也可避免帐篷被暴晒。

架锅子煮饭的方法

我们现在分下工，准备煮饭了。

哇！第一次在野外煮饭，好期待哦！

吃饭！吃饭！

一定很有意思！

现在先分头去找些树枝回来。

依凡你看，树上有果子。

走啦！露娜，我们还要找树枝呢。

差不多了，我们回去吧。

嗯！

哇！好多木柴啊！

可是，要怎么做呢？

在野外把锅子架在火堆上煮饭，可是一大学问哦。

雪妮你就快说吧，我肚子好饿！

像这样的树权是会经常用到的。

较常用到的就是在火堆的两侧架起双叉木架，

接着在木架上放一根棍子，然后在木棍上吊上锅子就行了。

可是我们找来的木柴中只有一根这样的。

别着急啊！还有其他方法可行的。

还有其他方法？

当然啦，还有几种方法也是会经常用到的。

比如，找一根粗大的棍子斜立在地面，下面垫一块小石头，上面压一块大石头。

再把锅子吊在棍子上面就可以了。

这种就是把棍子斜插在地面，在棍子下面垫一块石头。

如果没有石头，土地也不适合插棍子，也不用担心！

还有另外的方法！

首先，找三根长木头，合在一起，绑住上端。

把下端张开立在地上，然后上端挂上铁钩就成了。

也可以将两根树枝做成钩子状，来代替铁钩。

接下来就可以动手煮饭了。

83

在野外煮饭可不像在家里用电饭锅那么方便。

如果掌握了技巧，就可以事半功倍！

我就是掌握了技巧，还是不会煮的。

有了这么简单的做饭方法你都不会做。馨怡你这样总待在"温室"可是不行的。

呃？

自己又不会做，还好意思说别人！

不用太担心的，只要勇于尝试，练习多了就掌握方法啦！

先把米洗干净，再加入水。

有一点要注意，如果用平常的锅子煮饭，水分很容易蒸发掉。

米和水的分量原则上是同等，也就是一杯米配一杯水。

因此，最好是多加一点水。

这样煮出来的饭会更加松软可口！

哇——

在煮饭前40分钟，就要把米泡在水里。

而且，在起火前就要把米洗干净准备好。

还有一点也很重要。

因为野外可能缺水,最好先在家里把米洗好,沥干再出门。

也可以选择现在市场上卖的免洗米。

雪妮,可以煮了吗?人家肚子好饿!

知道啦!露娜过来帮我生火,馨怡去把准备好的米拿过来!

好!

这样就准备好了!

先用小火煮一会儿,再慢慢增强火力!

沸腾的时候,首先确认煮开的程度,沸腾声音停息后,等两三分钟再拿下饭锅。

饭好后,把锅底朝上,用木棒敲打锅底,就可以把饭弄出来吃了!

嗯!真好吃——

再来一碗!

不会吧!露娜你都吃了三碗了,待会儿走不动可没人背你!

怎样在野外煮出香喷喷的米饭

在野外煮米饭很容易煮不熟或是煮焦，要不就是粘底。要想在野营的时候吃到香喷喷的米饭，可是需要绝招的！

一般来说，在高海拔的地方是煮不熟饭的，只有用高压锅才能煮熟。在正常状态下，掌握了规律，煮好饭还是很容易的。以下介绍两种方法。

炉头煮饭

用炉头的话，把一锅米和水混合后放上去，可以开大火，让水沸腾。刚刚开始的时候，要用勺子不停地搅动，因为用大火，锅底的温度与水面的温度相差很大，容易让锅底的米黏结在锅底，煮一会儿就会煳了。搅拌到有些热气散发出的时候就可以停止搅动，盖上锅盖。等水开后，马上打开锅盖，然后关小火，小到炉头的每个圈眼都有个小火苗为好。把锅盖放在锅上，拉开一条小缝，透些气，防止锅里的水因为沸腾而溢出。

经过长时间小火烹煮后，可以看到锅里的米上有许多气孔。这时锅里还有些水，但米饭已经熟了，只不过比较稀，在这个时候关火是最好的。关火后盖上锅盖，闷十几分钟，再打开锅盖就是一锅香喷喷的米饭啦！

篝火煮饭

现在我们不提倡野外篝火，但是到一些特别的区域露营，篝火还是必需的。使用篝火的时候，大家不妨尝试下这个简单的煮饭方法。

篝火点燃一会儿后，火下面会有些红红的炭，把那些炭用棍子拨一些出来，在篝火边上摊平，面积够锅底那么大就好，再把装好水和米的锅放在炭上，盖紧盖子。

就这样，过个三五分钟再换些燃得旺的炭，十几分钟后打开盖，一锅煮得非常香的米饭就出锅了。不粘底，不煳，冒着热气的野外米饭就是这么容易。

但在野外点燃篝火是十分危险的，一定要注意观察周围的提示，是否禁止燃起篝火，如果允许燃篝火，也要做好防范措施。在森林中千万不要燃篝火，以免引发大规模的火灾，造成难以挽回的损失。

切鱼的方法

哇——
钓到鱼了!

今天能吃到
新鲜的鱼了!

如果能把钓到的鱼，变成好吃的料理，那就更好了。

大家知道切三片鱼的方法吗？

嗯？三片鱼？

呼——又来了！

跟在家做有些不一样，也不难。

首先，找一块较平滑的大石头。

然后把鱼放在石头上，把鱼鳞刮干净，接着从胸鳍部位切下。

好可怕！

91

再把鱼腹切开，取出内脏。

鱼好可怜！

接着还有呢！

鱼腹内部的血和膜都要取出，再用清水洗干净。

紧贴鱼骨将一侧的鱼肉片下。

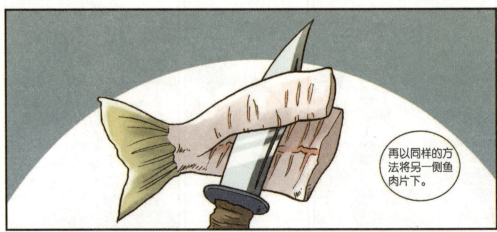

再以同样的方法将另一侧鱼肉片下。

再把背鳍附近硬的部分切下来。

这可是要考验刀法的!

我一定不敢做的,太可怕了!

最后,把刀横摆,用刀尖把鱼骨薄薄切去,就大功告成了。

好像很好玩似的!

好! 我先来试试!

露娜你这家伙!别乱挥刀啊,很危险的!

做鱼的小窍门

去鳃

将鳃盖掀开，用剪刀将鱼鳃的根部剪断，然后掏出鱼鳃。

去鳞

并非所有的鱼都需要去鳞，有些鱼没有鱼鳞，如鳗鱼和鲶鱼，表皮光滑，无须去鳞，有些可以直接带鳞烹饪。如果时间充足的话，最好去鳞。去鳞的时候用手抓住鱼尾，用刀逆向刮去鱼鳞（见图一）。

除腥味

鲜鱼放在盐水里洗可除去腥味。鱼体内两侧有两道白线样的筋，腥臊味极重，按中医说，它特别不适宜于某些热性病人食用。因此，刮鳞去鳃后要先除去白筋，再开膛。

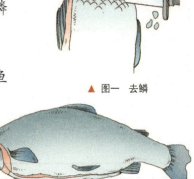

▲ 图一　去鳞

▲ 图二　剖膛

剖膛

如果是小于5厘米的小鱼，只需将内脏和鱼鳃用手挤出来就可以整条煮着吃了。如果是大鱼，要沿着鱼肛门至鱼头喉咙切口处的连线剖开鱼腹，除了鱼卵保留之外，将里面其他的内脏全部去除，要小心不要弄破胆囊，否则鱼肉沾到胆汁会变苦（见图二）。鱼卵营养非常丰富，法国闻名遐迩的鱼子酱就是用鱼卵制成的。

切鱼

鱼肉质细，纤维短，极易破碎，切鱼时应将鱼皮朝下，刀口斜入，最好顺着鱼刺，切起来更干净利落。

鱼的表皮有一层黏液非常滑，所以切起来不太容易，若在切鱼时，将手放在盐水中浸泡一会儿，切起来就不会打滑了。

剥皮

鱼皮的营养价值很高，可以食用。如果食物很充足的话，也可以不要。鳗鱼和鲶鱼在去皮时，可以用细棍穿过鱼头，架在用带叉树枝做成的叉桩上，从头部后端启开鱼皮，直接用手将其撕下即可（见图三）。

▲ 图三　剥皮

鱼没烧熟不能吃

鲜鱼特别是淡水鱼常有寄生虫寄生，以鱼头和鱼肉内寄生虫最多，如常见的华支睾吸虫、异形吸虫等。经常吃未煮熟的鱼或生鱼，容易得寄生虫病。

做鱼忌先放姜

过早放入生姜，鱼体浸出液中的蛋白质会阻碍生姜的除腥作用。如果等到鱼肉中的蛋白质凝固了再添加生姜，就可达到彻底去腥的目的。因此，先把鱼烹煮一会儿再放姜，去腥效果特别好。

野外菜单
的设计

雪妮，我们休息一下吧，我肚子不舒服！

真受不了你！谁叫你从刚才开始就一直吃个不停！

在野外可不比在家，吃东西可是很讲究的！

好吧！走到前面那片树荫下我们就休息！

那到野外露营该怎样安排吃的东西呢?

设计野外露营菜单的确比较伤脑筋。

不过，只要把握住一些原则，就容易多了。

第一，一定要好吃!

到野外露营非常忙碌，很容易疲倦不堪，造成食欲不振。

这时，好吃的食物可以增进食欲。

第二，要注意营养的补充。

因为有营养的食物可以补充体力，特别是含碳水化合物丰富的食物。

如果是要长期露营的话，就得注重蛋白质的补充了。

第三，千万不要弄得很复杂。

如果不好处理的话，就会带来困扰。

食物不要准备得太复杂，最好是每个人都能轻易处理的。

到野外露营，主要是调剂身心。

第四，不费时，这点很重要哦！

因此，烹饪食物要力求方便和迅速。

第五，料理的程序要简单。

依凡不明白吗？

嗯？！

简单一点说就是，在烹饪前不必特别处理食物。

而且，最好是能配合所携带的炊具来料理。

尽量利用现有的炊具来烹饪食物。

这样可以省下许多时间，也不会浪费太多体力。

第六，可以不必随时注意火势就能处理食物。

如果一边煮东西，又要一边注意火势，那就会忙得焦头烂额。

所以啊，能够不用分心去注意火势的话，当然是最好啦。

第七，不浪费水。

因为，在野外水源非常稀少！

所以，节约用水是很重要的！

第八，要容易收拾。

烹饪后的收拾工作令人厌烦。

最好不要设计处理繁杂、收拾费时的菜单来。

第九，不要剩饭菜，最好是把所煮的饭菜都吃掉。

因为饭菜没吃完，会造成浪费，而且又不好处理。

以上所说的原则最好是记下来哦!以后再露营就能加以运用了。

你们怎么还在闲聊啊?我们该赶路了吧!

呵呵……

也不想想这是谁的错!

要不是你吃撑了,我们会停下来吗?

啊!对了!

依凡,你那还有饼干吗?我又有点饿了。

啊——你还要吃!你刚才不是撑着了吗?!

已经消化掉啦。

……

野外露营吃什么？

在野外旅行、登山、探险，如果吃不好就没有充沛的体力和精力。去野外登山、探险最最令人头疼的也是准备食物。

不过令人欣喜的是，近几年国内的方便食品业发展很快。目前市场上有好多方便食品可供我们选择，比如，花样翻新的方便面，各式各样的罐头、饼干、面包等，这些食品既方便，又有营养，是比较理想的野外活动食品，但野外旅行还要带上这么多吃的，背包的重量就要大大增加了。

欧美、日本等发达国家为方便食用，开发和生产了各种各样的脱水食品。这些食品不但食用方便，能保持蔬菜、水果等的原色、原味和营养成分，而且重量轻，方便携带。美国生产的脱水食品，食用时一千克加9倍的水，可变成10千克的量，可以减少旅行、探险途中的负重，尤其是在高山探险中，更显示出其优越性。

美味野菜大搜集

在野外旅行、探险或登山，没有家中那样优越的烹饪条件，缺少方便的燃料、齐全的炊具、各色的调料、品种繁多的新鲜蔬菜等。但在野外也有家中不具备的条件：各种可食用的野生植物、菌类、活的鱼虾……这些都可以烹调出美味佳肴。在野炊时可以根据自己携带的各类食品，搭配在野外能就地采集的野菜烹调，说不定会做出令人惊喜的美味呢！

在世界各地，无论环境多么恶劣，很少有一点植物都没有的地区，在大自然中有许多可以食用的野生植物，但也有许多有毒的植物混杂其中，我们需要懂得如何寻找及辨别它们。千万不要轻易尝试自己不知道是否可供食用的植物，即使在严重缺乏食物的情况下，也要非常谨慎地选择。

辨别植物首先要通过嗅觉，闻闻是否有刺鼻的苦杏仁味或桃树皮味，有这两种气味的植物一般都有毒。再者可挤出汁液滴在皮肤敏感部位，如果有不适，也要尽快扔掉。确定没有问题后，才可以放入口中舔舐、咀嚼，一旦感到不舒服，马上饮用大量的热水，并尽快把它呕吐出来。

如何鉴别蘑菇

依凡，快看！那儿有好多蘑菇。

看！够大吧！

哇——真的很大呢！

那边还有好多蘑菇呢。

好!我们现在就去采蘑菇，晚上就做蘑菇大餐吧!

出发吧——

好!!

哇啊——我从来没见过这么多的蘑菇!

因为蘑菇是一种菌类植物。

它的适应力很强，所以到处都能看到蘑菇的踪影呢!

特别是秋雨过后，满山遍野都能看到蘑菇。

不过，有些蘑菇可以食用，有的却含有剧毒！

有毒？那要怎么区别呢？

不能因为蘑菇长得好看，味道香，就随便采摘！

对啊！这样就知道哪些能吃，哪些不能吃了。

其实只要仔细观察，就能知道它们的种类和名称了。

是这样啊。

这些蘑菇都可以食用呢！

滑子菇

舞茸

松茸

108

这些绝对不能拿来吃!

大笑菇

汗茸

单生公茸

红天狗菇

茸也属于蘑菇的一种。

我们回来了!

我们采了好多漂亮蘑菇呢!

蘑菇好可怕!

漂……漂亮蘑菇?

把好看的蘑菇都丢掉!

咦!为什么?!

拜托!你们多看点露营的常识好不好!

怎样鉴别有毒的蘑菇

1. 看生长地带。可食用的无毒蘑菇大多生长在清洁的草地或松树、栎树上。有毒蘑菇往往生长在阴暗、潮湿、肮脏的地方。

2. 看形状。毒蘑菇一般比较黏滑，菌盖上常沾些杂物或生长一些像补丁状的斑块、肉瘤，菌柄上常有菌环（像穿了超短裙一样），无毒蘑菇很少有菌环（见图一）。

3. 看颜色。毒蘑菇多色彩鲜艳，而且美丽。无毒蘑菇多为白色或茶褐色。

4. 闻气味。毒蘑菇有怪异味，如酸涩、恶腥等味，无毒蘑菇有特殊香味。

5. 看分泌物。撕开无毒蘑菇菌干后，汁液清澄如水，不易变色；撕开有毒蘑菇菌干后，汁液浓稠混浊，很容易变色。如果没有把握确定蘑菇是无毒的，千万不要食用。

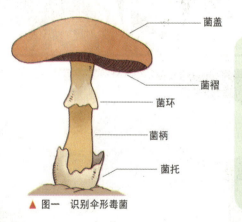

菌盖

菌褶

菌环

菌柄

菌托

▲ 图一 识别伞形毒菌

有毒的伞形毒菌，尤其是能致命的毁灭天使及鬼笔鹅膏，极易和可食用菌类混淆。因此，在采集时一定要遵循下面的原则：

★避免采摘长有白色菌褶，菌柄有白色菌托或菌环的菌类。

★避免采摘任何正在腐烂的菌类。

★除非确认菌类能食用，否则将其扔掉。

色彩鲜艳的蘑菇都是毒蘑菇吗？

很多人都认为色彩鲜艳的蘑菇就是毒蘑菇，其实这种看法是错误的。

的确有不少色彩鲜艳的蘑菇有毒，比如毒蝇鹅膏、毒红伞，但是榆黄蘑、硫黄菌等色彩鲜艳的蘑菇就是无毒能食用的。反而，像白毒伞、鳞柄白毒伞这样白色的蘑菇，却是含有剧毒的。

离开了科学仪器，单凭观察蘑菇的颜色、气味，是无法判断出蘑菇是否有毒的，因此采蘑菇时，还是尽量挑选自己认识的蘑菇比较安全。

误食毒蘑菇怎么办？

食用了毒蘑菇后，一般10~30分钟后发病，出现恶心、呕吐、剧烈腹泻和腹痛等症状，有时还会有流口水、流眼泪、脉搏细弱等表现，这时能采取的急救措施就是立刻让中毒者大量饮用温开水或稀盐水，然后用手指伸进中毒者的咽喉，想办法让他呕吐。由于呕吐会引起脱水，最好让中毒者喝一些加了少量盐、糖的"糖盐水"，以补充身体养分，避免发生休克。如果中毒者已经昏迷，不能强行给他灌水，防止他喝不下水而窒息身亡。

做完急救措施后，应当立即拨打120急救电话，请专业医务人员前来救助，并保留毒蘑菇的样本供医务人员参考。

不用开罐器
也能开罐头

罐头！

罐头！

哇啊——
我最爱的牛
肉罐头！

露娜，你还
在干什么？！
快把罐头拿
过来！

来啦！

还有开罐器呢？

你不会只带了罐头，而没有带开罐器吧。

我……忘记啦。

那不就没法打开啦。

啊——罐头没法吃啦——怎么办？怎么办？那可是我最爱的牛肉啊——

你别在那叫啦！就只知道吃，难道不会想办法解决吗？

不是没有开罐器吗，那要怎么想办法？

我们还可以用刀开啊。

你教我，让我来开！

先用左手压住罐头，不要让罐头倾倒，然后右手拿刀。

要小心手！

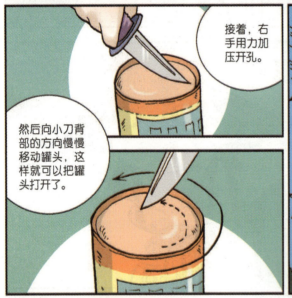

接着，右手用力加压开孔。

然后向小刀背部的方向慢慢移动罐头，这样就可以把罐头打开了。

啊！！

怎么啦？！

太硬了，按得人家手好痛哦！

吓我一跳！还以为你把手划伤了呢。

现在只好用另外一个方法了。

先把罐头放在装满水的锅里。

这样怎么打开啊？

你就等着瞧好了！

然后把水加热。

再用火慢慢烤，罐头的边缘就会爆开了。

哇——真的打开了！

我先吃一块！

露娜！你这家伙又抢食物了！！

真是贪吃鬼！！

热胀冷缩

热胀冷缩是物体的一种基本性质，物体在一般状态下，受热以后会膨胀，在受冷的状态下会缩小，多数物体都具有这种性质。

物体之所以产生热胀冷缩的现象，是由于物体内的粒子(原子)运动会随温度改变，当温度上升时，粒子的振动幅度加大，令物体膨胀；当温度下降时，粒子的振动幅度便会减小，使物体收缩。日常生活中我们可以利用这种现象解决一些困难。

热胀冷缩在日常生活中的应用和危害

温度计就是应用了热胀冷缩的原理，温度计中的水银因为人体的体温变热膨胀，由此来计量我们的体温。当然在漫画中雪妮用加热的方式让罐头膨胀，自己打开罐头盖也是利用了物质热胀冷缩的性质。

铁轨之间应留有缝隙，否则在夏天就会因为膨胀而弯曲。冬天在玻璃杯中加开水，玻璃容易因剧烈的膨胀而破裂。

热胀冷缩的例外

自然界绝大多数的物质都遵循"热胀冷缩"的规律，少有例外。但也有一些物质在特定情况下是例外的，例如水。水在4℃时密度最大，低于4℃则会"热缩冷胀"。而冰的密度每立方米只有900千克，这也是冰为何会浮在水面的原因。

另外还有锑等金属，液态的锑在冷却凝固时，体积反而更大了。

开罐头小窍门

日常生活中，要打开严实的罐头瓶盖，是件麻烦事。只要我们掌握原理，就能从中找到解决的方法。以下是几种打开罐头瓶的技巧。

1.用螺丝起子把瓶盖边缘撬松，听到"嗞"的一声，空气进入瓶子的声音时，即可轻松打开罐头瓶盖了。

2.把罐头瓶盖处在热水里泡一下，也可以打开瓶盖。

3.打火机烧一会儿瓶盖，即可轻松打开瓶盖。

4.把罐头瓶倒过来拍一拍。

5.把瓶口放在火边转一圈，垫上两张纸巾，轻轻一拧，不用费劲就能打开罐头瓶。

捕鸟的方法

肉……
我想吃
肉……

吱！

吱 吱 吱

哇——

看！有鸟！
我们抓小鸟
烤来吃吧！

咦——

我看你是
想吃肉想
疯了吧！

对啊，就
算我们想
捕也没有
工具呀。

的确，我们
没有带网子，
是有些麻烦。

这样要怎么捕鸟啊？我看你捕山鸡还差不多！

挖这么深差不多就够了。

我这么做是有道理的。

挖一个约90厘米的洞，因为是捕捉小鸟，所以洞口不用太宽。

接着在洞口周围撒上谷物，并且一直延伸到洞内。洞口撒得越多越好。

你看地上。

这儿有许多鸟粪，一定经常有鸟儿停留。

原来如此呀！东辰好心细哦！

可是，你怎么知道这儿会有鸟儿来呢？

我们先躲起来观察。

嗯……

沙沙

哇哦，大丰收啊！！

好可爱哦——

呵呵……终于有肉可以吃了！！

呃？！

捕鸟的方法

在野外生存，缺少食物是十分危险的。鸟类可以说是一种不错的肉类食物，因为所有的鸟类都可以食用，不用像食用植物那样担心中毒，而且并不像我们想象的那么难以捕捉。除了书中东辰用的洞困法之外，以下还有很多捕鸟的方法。

绳罩诱食

在空旷地带把水果、面包屑等食物撒在一小块地方，在食物上方用一根短棍支起一个用树枝编成的罩子，在短棍上系上一根绳子延伸到远处。当小鸟飞来进食的时候，躲在远处的你就可以拉动绳子将小鸟罩住。

醉酒法

将食物用酒精浸泡后，撒在开阔地，吸引小鸟来进食。它们吃得越多就醉得越快，等它们醉倒在地，就可以轻而易举地将它们捕获。

诱饵钩法

将食物穿在拴着长线的钩上丢在空地，当小鸟进食时，它们的喉咙会被卡住，这时就可以轻易抓住它们。

索套法

将带有诱饵的绳套放在树枝间，可以捕捉前来栖息的鸟。

粘黏法

将冬青叶和含有淀粉的谷物混合加水，煮成黏稠的粘胶，然后把粘胶涂在树枝上，当小鸟停在树枝上时，就会被粘住而飞不起来。

鸟类的烹制方法

我们虽然知道了捕捉鸟类的方法，但如果做不成美味的食物，就白白地浪费时间和体力了。鸟类食物该怎么处理和烹制呢？

首先，和任何肉类食物一样，先要放血。切开鸟的喉咙，头朝下悬挂就可以将血放干净。

其次是将鸟身上厚厚的羽毛拔掉。在鸟还有余温的时候，拔毛是很容易的。先用手拔掉羽毛，再用火烧去残留的绒毛。如果用手不容易拔掉羽毛，可以先用热水烫一下，使毛管松软，但这种方法不适用于海鸟和水鸟，这类鸟烫毛后会使毛管收缩得更紧。

然后就是开膛清理内脏。在鸟的胸腹开刀，将所有的内脏器官挑出来，较大的鸟类可以将心脏、肝、肾保留，小鸟的内脏则要全部扔掉。

最后就是烹制，鸟肉用小火炖才会松嫩可口，同时也可以杀死寄生虫。海鸟和小鸟在处理干净后用油煎或串在树枝上用火烤熟，味道都非常鲜美。

特别要注意的是，食腐类鸟类（比如乌鸦）的内脏要全部丢掉，而且必须完全煮熟才可以吃，因为这类鸟肉大多带有病菌。

捕鱼的方法

哗 啦～

哗 啦 啦～

哇啊……
是河耶！

快看快看，这里面好多鱼哦！

今天的晚饭，就吃鱼吧。

哦——！

这水好冰，好舒服啊。

鱼过来啊——别跑！

你这样是抓不到鱼的。

嗯?!

可是雪妮，我们现在没有钓竿，那要怎么钓鱼啊?

我会做，捕鱼的工具就交给我吧！

真快，简直像变魔术……

嘻嘻……漫画嘛。

这种比较简单，

只要将木棍的前端削尖就可以了。

在长棍的前端缚上几个尖刺，就制成渔叉了。

这样就可以捕鱼了。

东辰好厉害哦！

嗯，东辰好棒！

呵呵，还好啦。

开始捕鱼喽!

我看看，哪条比较大呢?

嗖～

哈! 捕到啦!

好，我们也要加油了!

嗯，我也要捕到大鱼。

哇!

我也捕到一条啦!

锵锵……

发现目标了!

134

我们先分一下工。

我和东辰去生火，你们几个去清洗鱼。

我等着吃！

想得美！你要负责烤鱼啦！

呃?！我可不敢杀鱼！

其实没什么可怕的，你可以试试的。

不行不行！我一定做不到！杀鱼太可怕了……

真是胆小鬼。

135

哦——

要烤多久才可以吃啊？

鱼是很容易熟的，等一会儿就可以吃了。

哇哦……我闻到香味了。

嗯，好香！

烤好了吗？好像可以吃了吧。

别急，再等一会儿……

139

捕鱼的方法

鱼类富含蛋白质、维生素和脂肪，是野外露营时不错的食物。除个别鱼类有一定的危险性（比如河豚有剧毒），如果处理不当会致命外，几乎所有的淡水鱼都可以食用。当然捕鱼也有很多方法。

最常见的捕鱼方法——钓鱼

钓鱼的地点

如果在没有鱼的地方钓鱼，无论过多久，技巧多好也是钓不到鱼的！

钓鱼一般应选在风平浪静的水域，因为在那儿鱼儿比较容易找到食物。鱼儿喜欢在岸边隐蔽的岩石、水草边活动。气温高的时候，鱼儿喜欢阴凉的水域或阳光无法到达的深水区。气温低的时候，鱼儿会游回有阳光的浅水区。

自制钓具

如果我们在野营时和雪妮她们一样没有带钓具，也可以利用身边的材料自制鱼钩和鱼线。

鱼钩：可以用别针、钉子、骨头等来做。

鱼线：可以用细绳或者韧性较强的蔓草来代替。

钓坠：可以用小石子等重物来代替。

浮标：鸟类的羽毛、树皮、植物秸秆等都可以制成浮标。

钓竿：这个最为简单，任何一种柔韧的竹竿或者树枝都可以做钓竿。

鱼饵：各种昆虫、小鱼等，也可以用色彩鲜艳的布头、羽毛等人工饵。

其他钓鱼方法

渔笼

用树枝编成渔笼，在笼中放置诱饵后将渔笼顺着水流方向放入水中，迎着水流为入口，这样鱼儿可以顺着水流游入渔笼，却不能游出。编制渔笼时，注意入口大小要适当，枝条间隔也不能太大，以免鱼儿逃脱。

▲ 图一 筑堤捕鱼

筑堤捕鱼

在溪流中筑堤，使溪水流向一边，用石块在堤坝的下游建一个狭窄的水池，逆水而上的鱼儿会被困在水池里。同时，也可以在一边拦网捕捉从上游游下来的鱼儿（见图一）。

渔叉捕鱼

把木棍的前端削尖，可以用来捕鱼。在长棍的前端绑上多个尖刺，就能制成渔叉。要注意自己的倒影不出现在鱼儿出没的水域。考虑阳光折射的影响，叉鱼的时候要瞄准鱼儿稍微向下的地方（见图二）。

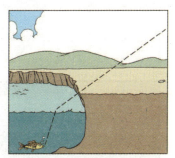

▲ 图二 阳光折射

浑水摸鱼

在小而浅的水池中捕鱼的时候，可以用木棍将池底的污泥搅起来，如果水底有鱼，鱼儿会游到较清的水面，这时就可以趁机捕捉。

冰面捕鱼

冬季河面结冰时，可以在冰面上敲开一个洞，有的鱼会因为缺氧而从洞里跳出来，这样就可以轻松把它们抓住。

避免雷击的方法

大家脚步加快些，我们得赶快找个地方准备避雨。

似乎会下很大的雨呢。

好像是呢。

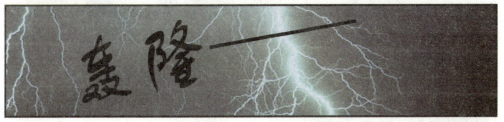

143

暴风雨要来了，我们到前面岩石那避雨！

看！那有一棵大树，我们可以先去那避雨！

绝对不可以！！

咦，为什么不可以？

在树的正下方躲避雷雨是非常危险的！

那么激动干什么？

打雷时，不能在潮湿的地方待着！

如果遇到雷雨天气，应该躲在塑料布或帐篷等绝缘体的下面。

雪妮，是这样吗？

对啊！

虽然并没有绝对的避雷方法，

但是，采取一些防范措施总比什么都不做的好啊。

淅沥沥

淅沥沥

好！现在大家分散开来避雨。

为什么要分开？我不敢一个人啦！

因为如果一群人在一起，万一被雷击中的话，是会造成很大的伤亡的。

轰隆！！

哇！好可怕……

呜呜……吓死我了！

不用怕啦！在大岩石下避雷是很安全的。

馨怡胆小鬼！

都知道该怎么避雷，还怕得哇哇叫！

露娜真讨厌！知道怎么避雷和害怕打雷根本就是两回事嘛！！

刚才我也被吓到了，还好现在安全了。

其实掌握避雷的方法，就可以确保安全了。

打雷时，要尽量躲避在地势低的地方。

要选择在居中的，四周高度相近的岩石下避雨。

千万不能在潮湿的地方避雷！

被雷劈中不知道会怎么样？说不定会变得有超能力哦！

我看你是漫画看多了。

被雷击中可不能变超人，倒是可能会造成伤亡！！

轰隆！！

东辰！

哇哈哈！！

为什么雷会朝我劈过来？吓死我了！

东辰你不要紧吧？有没有受伤？

我倒没受什么伤，但包包可能被劈坏了。

怎么办？现在好像也不安全啊！

嗯？

啊！我知道了！一定是包包里有金属物品。

是不是因为金属物品会导电？

对啊！

大家赶快把包包里的金属物品丢掉！

雨总算停了！大家打起精神来吧！

赞成！我们先准备些吃的，好好补充下体力吧！

又是吃……

雷电的伤人方式

直接雷击

雷电发生时，闪电直接袭击到人体，雷电电流从人的头顶通过身体到两脚流入地面。直接雷击对人的伤害非常大，受伤严重的人甚至会死亡。

接触电压

当雷电电流通过高大的物体，如树木等，强大的雷电电流会在物体上产生高达几万到几十万伏的电压。人如果不小心接触到这些物体，就会受到雷电的袭击，发生触电事故。

旁侧闪击

当雷电击中一个物体时，强大的雷电电流会通过物体泄放到大地。如果物体周围有电阻小的物体，电流很容易泄放到这种物体上。人体的电阻很小，如果人刚好在被雷击中的物体附近，雷电电流就会泄放到人体。

雷电来临前的征兆

1. 白天，风从山顶吹向山谷，夜间风从山谷吹向山顶。
2. 天空中的云团行走很快，并且越来越多。
3. 风向突然发生变化，并越来越大，同时还有乌云吹来。
4. 从清晨开始就弥漫着大雾，到了晚上还没有消散。
5. 白天太阳周围出现大晕圈，夜间月亮周围出现小晕圈。
6. 在黎明前星光闪烁不定。
7. 傍晚气温突然升高，夜间变得很暖、闷热。

避免雷击小常识

1. 应迅速躲入有防雷设施保护的建筑物内，或者很深的山洞里面。

2. 应远离树木等尖耸、孤立的物体，不要进入孤立的棚屋、岗亭等建筑物。

3. 找一块地势低的地方，蹲下、双脚并拢、手放膝上、身向前屈。

4. 在空旷场地不要打伞，不要把金属工具等物品扛在肩上。

5. 如果人在水上，要尽快离开水面。

6. 打雷时千万不能狂奔乱跑，应该站在一个固定的地方躲避雷击。

被雷击伤后的急救措施

1. 伤者就地平卧，松解衣扣、腰带等。

2. 立即对伤者进行人工呼吸和胸外心脏按压，进行心肺复苏，坚持到病人醒来为止。雷击后进行人工呼吸的时间越早，对伤者的身体恢复越好，因为人脑缺氧时间超过十几分钟就会有死亡的危险。

3. 如果伤者衣服着火，马上让他躺下，不要让火焰烧到面部，不然，伤者可能死于缺氧或烧伤。可以往伤者身上泼水，或者用厚外衣、毯子把伤者裹住以扑灭火焰。伤者可以在地上翻滚以扑灭火焰，或趴在有水的洼地、池中熄灭火焰。用冷水冷却伤处，然后用干净的手帕盖在伤口上，再用干净布块包扎。

4. 如果遇到多人被雷电击中，应首先抢救那些无法发出声音的人。

利用沿途的环境来训练自己

后面的人要跟上了，可别走丢啦！

好累啊！真没劲儿了……

咦，我们五分钟前不是才休息过吗？

露娜快看！前面有好大一棵水果树。

咦?!

而且，走路能让你的心脏机能增强、耐力增强。

原来是这样啊……

总之，保持愉悦的心情是很重要的。

又是上坡！

你们别浪费体力了，接下来我们还要爬一个上坡呢。

小危险！

疼！

啊……我真的腿软了。

又来了。

特别允许！第一个爬上山坡的人，今天给予双份的晚餐作为奖励！

好！我赢定了！！

干劲十足！

别跑迷路啦！呵呵。

雪妮也开玩笑?

这招对露娜好像比什么都管用！

但是，走上坡可是有秘诀的。

把身体的重心放在脚上，并且把整个鞋面贴在地面上，然后以相同的步伐前进！

这样走上坡真的轻松多了。

冲啊！

哇啊……我第一个上来。

喂……别总不理我啊！

好！我先出发了，我又第一名了！

走下坡不要用跑的！

雪妮真笨！这样不是很快就下去了吗？

……

那下坡有什么要注意的吗？

当然有啊！

下坡时，如果膝盖活动不当会浪费很多体力。

所以，在脚落地时立刻弯曲膝盖，可化解身体的重力。

再利用身体的弹力，有规律地下坡，这样会省许多体力。

露娜你又怎么啦？

腿……腿好酸哦！

一个小小的下坡就能走到腿发软，露娜可真强！

看来露娜还是对吃比较在行呢……

你们这些家伙居然幸灾乐祸！

心理暗示法与"望梅止渴"

心理暗示是最常见的一种心理现象，指的是用含蓄、间接的方式对别人的心理和行为产生影响。

中国历史上经典的心理暗示故事是"望梅止渴"。三国时期，曹操率领部队去讨伐张绣，时值七八月间，骄阳似火，万里无云，士兵们口渴难忍，行军速度缓慢，有几个体弱的士兵甚至体力不支晕倒在道路旁，这时离水源地还有一段距离。曹操见状，非常着急，沉思一阵后，策马赶到队伍前面，不久，掉转马头兴奋地对士兵说："我看到前面有一大片梅林，那里的梅子一定又酸又好吃，大伙加快脚步，过了这个山丘就到梅林了！"士兵们一听，精神大振，行军速度立刻变快了。

曹操所用的计谋，和漫画中雪妮对露娜说爬到山顶晚饭可以吃双份，都是一种心理暗示。

不只是曹操、雪妮，生活在社会中的每一个人，都会进行暗示活动。积极善意的心态，往往会给出积极的暗示，使他人得到战胜困难、不断进取的力量。如果在野外遇到恶劣的环境，使用心理暗示鼓舞同伴，不轻言放弃，不失为一个好办法。

徒步旅行注意事项

1.出发前，要制定切实可行的计划，了解旅行地的地形，做好准备。

2.除必需生活用品外，尽量精简行装，以减少旅途中不必要的负担。夏天要做好防暑准备，草帽、水壶不可少，一定要带常用药。

3.结伴而行，在途中可以互相照应。

4.有下肢血管病、皮肤溃疡及扁平足症者最好不要徒步旅行。

5.穿上轻便、合脚的鞋子。袜子的大小也要合适，不能太紧太短，不能穿新鞋，鞋底不能太薄。

6.如果是长途徒步旅游，出发前最好进行几次适应性训练，增强耐力。

7.要保证充足的睡眠时间和营养，不能长时间只吃干粮，要尽量多吃新鲜的水果、蔬菜。

8.每天步行结束后要用温水洗脚，以解除疲劳。

9.野外行进时，不能蹦跳着走路，这样会加重膝关节和脚踝的负担，使人更容易疲累。

10.上山时，身体要略微向前倾，攀登陡峭山坡应该走之字路线；下山时，身体应稍后仰，放松下肢肌肉，以免腰腿酸痛。

渡河时的注意事项

哇啊！
水！

啊！真舒服啊！

咱！

哈哈……
真凉快！

162

你这么做是没错，可是需要注意一点。

如何避免走到深水区呢？

当然是用眼睛看啊。

雪妮你是笨蛋吗？问这么傻的问题。

露娜才是大笨蛋！不懂还逞强！

河流窄的地方，水往往比较深。

河面宽的地方反而比较浅。

所以最好选择河面宽、河水浅、水流慢的地方，这样才最安全。

神气什么嘛！

而且有些河面看起来很平静，其实却是暗流汹涌，因此找树枝探路比较保险。

看吧！我又没有错，真是的！

还有水里的折射率和空气的不一样。所以，光凭看来判断是很危险的。

因此，用树枝探路非常有必要，但不是用来玩的。

说完了，那现在可以走了吧？

你知道该怎么走过去吗？

你真当我是笨蛋吗？

当然是直接走到对岸啊！

那么做是不对的！

咦？为什么？

渡河时，不可以走与水流方向相反的方向或走直线渡河。

因为走直线或是走与水流相反的方向渡河，腿会被强劲的水力往后拉，非常危险，所以应该向对岸的下游走。

水流的方向
渡水方向

好险！

还是跟着雪妮比较安全。

你们这两个家伙！

还有，如果河川很窄的话，就可以直接跳过去。

如果太宽，水又深就不要勉强过河了。

咦！

这条河水不深，也不太宽，我们可以先渡河了。

喂……别丢下我一个人啊！

你再不快点，我们就不管你啦……

野外渡河的方法

徒步渡河

1.徒步渡河通常在河流宽度不大而且水较浅时进行，水深不应超过1米。

2.渡河时，为了保持身体平衡，可以双手抱石块，借以稳定重心，并利用水的浮力将石块从水下搬运过去。

3.人数较多时，可以3~4人一组，彼此环抱肩部，一起渡河。

游泳渡河

1.游泳渡河时，首先要整理着装，解开领子上的纽扣，将鞋插在腰带内，并将衣袋和裤袋翻出。

2.河水浅而急的话，可以采取仰泳的姿势，利用手臂在臀部下方划水，脚要保持在水面上，防止被岩石刮伤或卡住。河水深且急的话，可以采取侧泳和蛙泳的姿势。

3.如果河面很宽，还应该利用身边的器材帮助渡河，比如竹段或木头。

乘筏渡河

1.在渡河前一定要确保所乘的竹筏或木筏坚固耐用，避免在渡河途中散开。

2.将所有的装备绑在筏上，以防物品在摇晃中掉到木筏外。

3.所有成员都要系上安全绳，把安全绳系牢在筏上。

4.最好两个人同时撑篙，一个在前，一个在后，互成对角线，掌握航向。

渡河注意事项

1.渡河要避免滑倒。

2.避开水中危险的野生动物。

3.找寻容易走进水流的地方，以及容易登上岸的地方。

4.渡河时要找浅水区域，可以扶着水中裸露出来的石头，用以稳定身体。

5.要避开岩石丛生的地方过河，避免滑倒。

6.过河前，一定要用棍棒、石头探探河床的深度。

7.徒步渡河时，为防止脚底被割伤，建议穿袜子过河。

8.过河前检查绳结捆扎和绳的牢靠程度，一旦情况紧急，立即收回绳索，将人拉回。

9.乘船过河，绝对不能超载。天气恶劣的时候不要乘船。

溺水事件的处理方式

1.用竹子、棒子或皮带将溺水者从水中拉起来。

2.如果带了救生圈，就用绳子绑好救生圈，再把救生圈扔到溺水者面前。如果溺水者抓不住救生圈，可以由一个同伴带着救生圈游到溺水者身旁，把救生圈拿给他。

3.如果没有带工具，需要同伴下水救人，救人者应该游到溺水者身后，拉着溺水者往岸边游。如果溺水者非常惊慌，紧抱着救人者不肯放，救人者应该用手将溺水者推开，如果力气不够，也可以用脚踢开他。

4.将溺水者拖上岸后，首先清除他口鼻里的杂物，保持呼吸道畅通，接着采用伏膝倒水法或肩背倒立倒水法倒出呼吸道内积水，然后对他进行人工呼吸及胸外心脏按压，并尽快与医疗急救机构联系。

不用点火工具
也可以点火

好热哦！口也好渴。

嗯！

水都喝完了。

唉——还得烧水才有的喝。

169

现在怎么办？看得到水却没办法喝。

呜——怎么办？

你们先别着急啊！还有其他办法！

还有办法？

那就是用放大镜或照相机的镜头啊！

把镜头放在太阳下聚光，就可以点火啦！

原来是这样啊！

可是照相机太重，放大镜又不实用，所以我都没带！

我也是！

你……你们要干什么？！

东辰你有带相机，把镜头取下来用吧！

不行！这可是我最宝贝的相机！！

你们这些强盗——

咔吱！

现在可以生火了！

哇！

凸透镜是中央较厚，边缘较薄的透镜。凸透镜具有汇聚光的作用，直径大的透镜能够汇聚更多的光，焦距短的透镜汇聚的光能量更集中。

焦距短

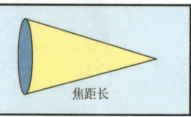

焦距长

啊——着了！真的着了！

雪妮给我试试！给我试试吧——

大家一起快吹！！

总算点着了，虽然有些费劲！

这样再添点小树枝，燃烧起来就更快了。

我们这次就多烧点水吧！

好！大家把各自的水壶都拿出来准备储存水！

你们快来看！我这边也点着了——

笨露娜！像你这样乱玩火，可是会引起火灾的！

露娜真是个危险分子！

快灭掉！快灭掉！

呼——这样一来害我更热了！

呵呵……好像蛮危险的！

野外取火

火对于野外生存来说至关重要，在野外露营的时候一定要保存好点火工具，如果不小心丢失或忘记携带点火工具，也可以使用其他方法来取火。除了漫画中雪妮采用的放大镜取火方法外，以下再为大家介绍几种野外取火方法。

手电筒和电池取火

将手电筒里的灯泡在细沙石上小心地磨破，但不能伤到钨丝，然后把火药或棉绒塞到灯泡内，通电后就会起火。

手电筒、收音机以及车辆中使用的电池都可以发出火花。取较长的两根导线，将它们连接在电池的两端，然后将导线裸露的末端慢慢接触，在接触的瞬间会发出火花，让火花落在易燃物上即可点燃火。

打火石取火

世界上很多地方都能找到可以充当打火石的石头。用刀背或钢片不断摩擦敲击打火石，就会产生火花。

钻木取火

钻木取火是一种原始的取火方法，相传在上古时代就有了。常用的有手钻取火（见175页图一）和弓钻取火（见175页图二）。手钻取火与弓钻取火原理一样，只是以用手搓动木头转动代替用弓拉动木头转动。

善后工作

离开前要熄灭火焰，做好善后工作，以免发生火灾。灭火有以下两种办法。

取水灭火：如果周围有河流或者山泉，可以拿容器取水倒在火焰上，火焰很快就会熄灭。

取土灭火：如果周围没有水，可以挖些泥土并把土倒在火焰上，用厚厚的泥土埋住火焰，一会儿的工夫，火就熄灭了。

烧伤的处理方法

如果在生火过程中不慎被火烧伤，应当采取以下措施。

浸泡冷水

如果周围有河流或山泉，就把伤口伸到冷水中，浸泡半小时。如果周围没有河流或山泉，也可以用湿毛巾、湿纸巾裹住伤口。

涂抹药膏

浸泡结束后，可以在伤口涂抹药膏，如果身边没有药膏，可以用面霜代替。假如伤口起了水疱，绝对不能挑破，而是应当在水疱上涂抹药膏，再用纱布包裹住伤口。

▲ 图一　手钻取火　　　　　　　　▲ 图二　弓钻取火

图书在版编目（CIP）数据

野外生存小达人. 1 / 孙家裕, 邓艳绘编. –– 长春：
吉林出版集团股份有限公司, 2016.3
ISBN 978-7-5581-0836-5

Ⅰ.①野… Ⅱ.①孙… ②邓… Ⅲ.①野外 – 生存 –
少儿读物 Ⅳ.①G895-49

中国版本图书馆CIP数据核字(2016)第075541号

野外生存小达人 ①

YEWAI SHENGCUN XIAO DAREN

制　　作　上海京鼎动漫科技有限公司
绘　　者　孙家裕
编　　者　邓　艳
策　　划　曹　恒
监　　制　张　蕾
责任编辑　息　望
美术设计　张　颖　潘海霞
开　　本　16
字　　数　65千
印　　张　11
定　　价　36.00元
版　　次　2017年6月 第1版
印　　次　2018年5月 第2次印刷
印　　刷　河北锐文印刷有限公司
出　　版　吉林出版集团股份有限公司
发　　行　吉林出版集团股份有限公司
地　　址　长春市绿园区泰来街1825号
　　　　　邮编：130011
电　　话　0431-88029877
邮　　箱　812001284@qq.com